First Russian Words

Illustrated by David Melling

OXFORD
UNIVERSITY PRESS

Great Clarendon Street, Oxford OX2 6DP

Oxford is a registered trade mark of Oxford University Press
in the UK and in certain other countries

Database right Oxford University Press (maker)

First published as First Book of Words 1999
First published as First Russian Words 2009

Text copyright © Oxford University Press 1999
Illustrations copyright © David Melling 1999

English words compiled by Neil Morris
Russian translation by Maria Krisan

British Library Cataloguing in Publication Data available

ISBN: 978-019-911151-0

1 3 5 7 9 10 8 6 4 2

Printed in Singapore

All efforts have been made to ensure that these translations are
accurate and appropriate. If you have any further language queries,
please visit our website at www.askoxford.com

For Bosiljka, Branko
and Igor Sunajko.

D.M.

Guide to the sounds of the Russian letters

Some Russian letters are close to English sounds but they are not identical and some are very different.

In Russian, it is important to know which part of the word to stress partly because the sound of the vowels depends on whether they are stressed or not. Stress is shown by an accent e.g. head головá - 'a' is stressed. You do not write this accent when you write the Russian word. It is here to help you say the Russian correctly.

Look out! Some letters in Russian handwriting are different from those in printed Russian!

The Russian Alphabet

letter	example	how it is said	letter	example	how it is said
Аа	глаз; лáмпа	cup; Linda	Рр	рот	rolled r
Бб	бéлый	b	Сс	салáт	s
Вв	вóлосы	v	Тт	тарéлка	t
Гг	головá	g	Уу	úхо	oo
Дд	дóма	d	Фф	фонáрь	f
Ее	дéвочка; шéя; цветóк	ye; e after ж, ш, ц; (у)ee	Хх	холм	loch
Ёё	самолёт	yaw	Цц	цéрковь	ts
Жж	живóт	pleasure	Чч	чёрный	ch
Зз	зýбы	z	Шш	шéя	sh
Ии	лист	ee	Щщ	щекá	long soft sh
Йй	йóгурт, пéрвый	y	Ъъ	not in this book	the hard sign
Кк	кнúга	k	Ыы	мышь	similar to "i" in "mill"
Лл	лáмпа; лист	ball; ly	Ьь	дверь	the soft sign; adds "y" to the preceding sound
Мм	машúна	m			
Нн	ногá	n	Ээ	not in this book	e
Оо	нос; ногá; úхо	aw; cup; Linda	Юю	компьютер	yoo
Пп	пóпа	p	Яя	яблоко; языʹк	yuck when stressed; yee when unstressed

Contents

Ты и я
You and Me

грудь
chest

нога
(ступня)
foot

нога́
(от бедра́
до ступни́)
leg

па́лец
(ноги́)
toe

ло́коть
elbow

по́па
bottom

спина́
back

па́лец (руки́)
finger

живо́т
tummy

коле́но
knee

рука́ (от ки́сти до плеча́)
arm

рука́
(кисть)
hand

во́лосы
hair

голова́
head

пле́чи
shoulders

лицо́
face

щека́
cheek

у́хо
ear

глаз
eye

подборо́док
chin

рот
mouth

зу́бы
teeth

язы́к
tongue

ше́я
neck

нос
nose

де́вочка
girl

ма́льчик
boy

Дома
At Home

кры́ша
roof

кали́тка
gate

 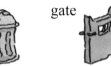

му́сорный я́щик
dustbin/trashcan

ле́стница
stairs

труба́
chimney

забо́р
fence

гара́ж
garage

окно́
window

дверь
door

собáка
dog

кóшка
cat

крóлик
rabbit

паýк
spider

улúтка
snail

пúсьма
letters

сýмка почтальóна
postbag

лист
leaf

цветóк
flower

дéрево
tree

По доро́ге в шко́лу
On the Way to School

фона́рь
lamp post

тротуа́р
pavement

де́тская площа́дка
playground

у́лица
street

перехо́д «зе́бра»
zebra crossing/ (US) crosswalk

шко́ла
school

светофо́р
traffic light

магази́н
shop

це́рковь
church

велосипе́д
bicycle

маши́на
car

авто́бус
bus

мотоци́кл
motorbike

пожа́рная маши́на
fire engine

грузови́к
truck

вертолёт
helicopter

ско́рая по́мощь
ambulance

самолёт
plane

Наш класс
Our Classroom

ра́нец
school bag

коро́бка для за́втрака
lunch box

кни́га
book

доска́
blackboard

мел
chalk

гло́бус
globe

па́рта
desk

магни́т
magnet

му́сорное ведро́
bin

лине́йка
ruler

компью́тер
computer

ка́рта
map

ку́бик
dice

клавиату́ра
keyboard

мы́шка
mouse

Учим цвета
Let's learn Colours

чёрный
black

си́ний
blue

кори́чневый
brown

зелёный
green

се́рый
grey

ора́нжевый
orange

ро́зовый
pink

фиоле́товый
purple

кра́сный
red

бе́лый
white

жёлтый
yellow

фа́ртук
overalls

клей
glue

рису́нок
painting

ки́сточка
paintbrush

кра́ски
paints

каранда́ш
pencil

бума́га
paper

но́жницы
scissors

флом́астер
felt-tip pen

мольбе́рт
easel

13

Профессии
Professions

почтальóн
postman

стрóйтель
builder

врач
doctor

полицéйский
police officer

ветеринáр
vet

футболúст
footballer

пожáрник
firefighter

водúтель автóбуса
bus driver

машини́ст по́езда
train driver

звезда́
pop star

пило́т
pilot

танцо́вщица
dancer

акваланги́ст
diver

по́вар
cook

космона́вт
astronaut

спаса́тель
lifeguard

15

Давным-давно́
жили-были…
Long Time Ago
200 (две́сти) миллио́нов
лет тому́ наза́д
**200 million
years ago**

тираннозавр
Tyrannosaurus Rex

стегоза́вр
Stegosaurus

диноза́вры
dinosaurs

диплодо́к
Diplodocus

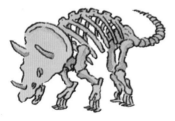

скеле́т трицера́топса
Triceratops skeleton

окамене́лость
fossil

кость
bone

16

челове́к ка́менного ве́ка
Stone Age Man
10 000 (де́сять ты́сяч) лет тому́ наза́д
10,000 years ago

пеще́ра
cave

креме́нь
flint

наска́льные рису́нки
cave painting

ого́нь
fire

дре́вние египтя́не
Ancient Egyptians
5 000 (пять ты́сяч) лет тому́ наза́д
5,000 years ago

пирами́да
pyramid

сфинкс
Sphinx

фара́он
Pharaoh

дре́вние римля́не
Ancient Romans
2 000 (две ты́сячи) лет тому́ наза́д
2,000 years ago

кера́мика
pottery

во́ин
soldier

моне́ты
coins

17

В суперма́ркете
At the Supermarket

теле́жка
trolley

корзи́нка
basket

ка́сса
cash register

хлеб
bread

хлеб
bread roll

джем
jam

хло́пья
cereal

карто́шка
potatoes

соси́ски
sausages

спаге́тти
spaghetti

молоко́
milk

йо́гурт
yoghurt

сыр
cheese

я́йца
eggs

я́блоко
apple

бана́н
banana

апельси́н
orange

помидо́р
tomato

морко́вка
carrot

сала́т
lettuce

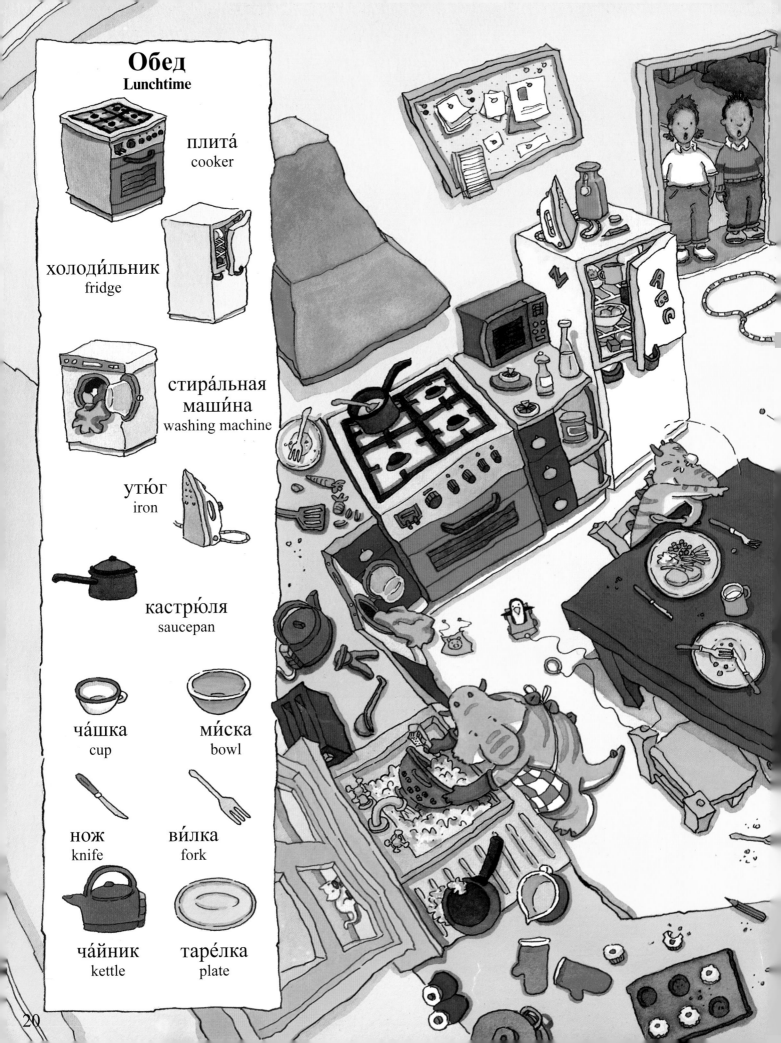

Обед
Lunchtime

плита́
cooker

холоди́льник
fridge

стира́льная
маши́на
washing machine

утю́г
iron

кастрю́ля
saucepan

ча́шка
cup

ми́ска
bowl

нож
knife

ви́лка
fork

ча́йник
kettle

таре́лка
plate

20

блю́дце
saucer

ло́жка
spoon

стул
chair

зава́рочный
ча́йник
teapot

поду́шка
cushion

дива́н
sofa

стереосисте́ма
stereo

стол
table

телеви́зор
television

пылесо́с
vacuum cleaner

21

Вре́мя игра́ть
Playtime

ку́кольный до́мик
doll's house

ку́кла
doll

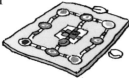

насто́льная игра́
game

го́ночная маши́нка
racing car

ро́бот
robot

пазл
jigsaw puzzle

ми́шка
teddy

желе́зная доро́га
train set

бараба́н
drum

гита́ра
guitar

кла́виши
keyboard

микрофо́н
microphone

труба́
trumpet

бло́к-фле́йта
recorder

таре́лки
cymbals

бубенцы́
bells

бу́бен
tambourine

На фе́рме
On the Farm

ло́шадь
horse

ку́рица
chicken

пету́х
cockerel

у́тка
duck

гусь
goose

овца́
sheep

коза́
goat

свинья́
pig

коро́ва
cow

24

трáктор
tractor

рéчка
stream

мост
bridge

пóле
field

лес
forest

сéно
hay

холм
hill

пýгало
scarecrow

На мо́ре
At the Seaside

мяч
ball

ведёрко
bucket

лопа́тка
spade

шезло́нг
deckchair

зонт
umbrella

крем про́тив зага́ра
suncream/
(US) sunscreen

го́рка
slide

доска́-кача́лка
see-saw

каче́ли
swings

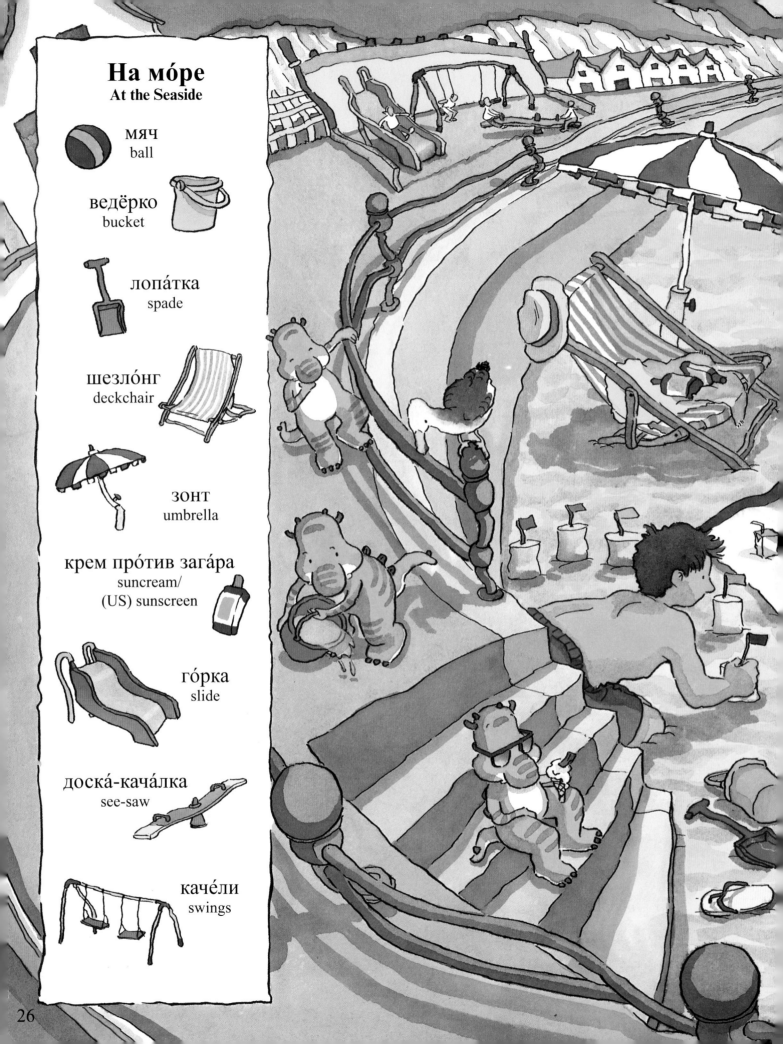

кора́бль
ship

ма́як
lighthouse

песо́чный
за́мок
sandcastle

ча́йка
seagull

раку́шка
shell

краб
crab

осьмино́г
octopus

морска́я звезда́
starfish

во́доросли
seaweed

День рожде́ния
A Birthday

све́чка
candle

поздрави́тельная
откры́тка
birthday card

возду́шный
ша́рик
balloon

пода́рок
present

гирля́нда
streamer

язычо́к
party blower

карнава́льная
ша́почка
party hat

волше́бная
па́лочка
magic wand

фо́кусник
magician

конфе́ты
sweets

бутербро́д
sandwich

пи́цца
pizza

моро́женое
ice cream

шокола́дка
chocolate

пече́нье
biscuit

соло́минка
straw

напи́ток
drink

торт
cake

Весёлые зверята
Amusing Animals

слон
elephant

крокоди́л
crocodile

жира́ф
giraffe

ры́ба
fish

бегемо́т
hippopotamus

кенгуру́
kangaroo

обезья́на
monkey

коа́ла
koala

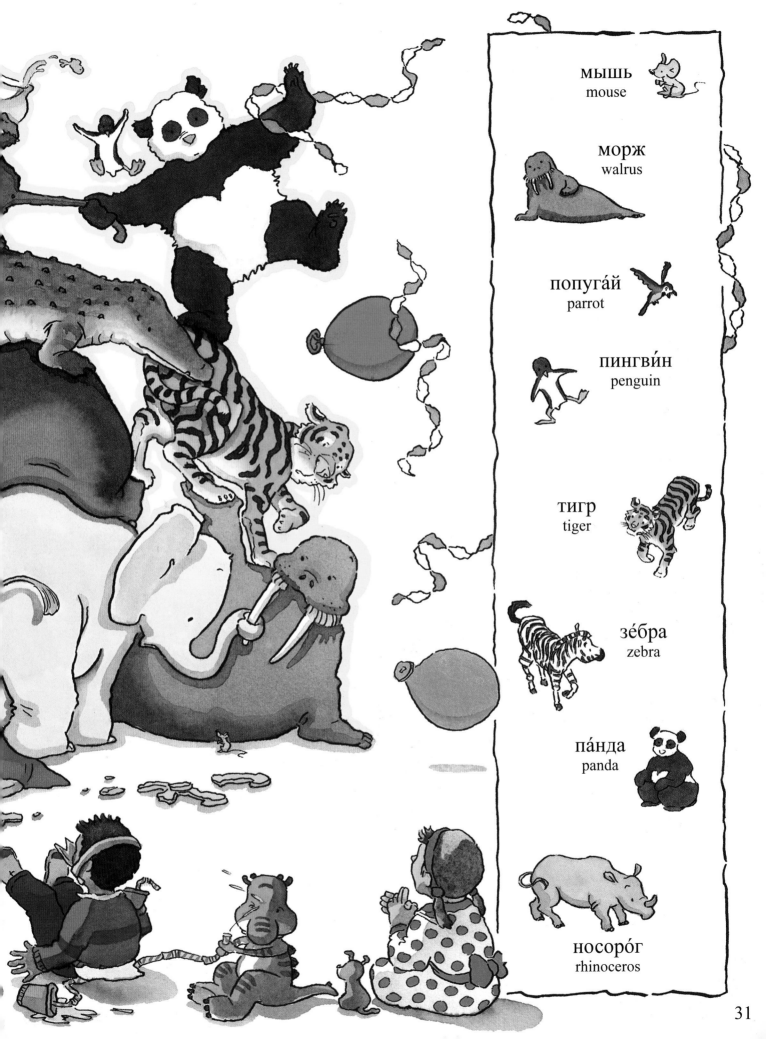

мышь
mouse

морж
walrus

попугáй
parrot

пингвúн
penguin

тигр
tiger

зéбра
zebra

пáнда
panda

носорóг
rhinoceros

31

В ванной
In the Bathroom

пла́тье
dress

ку́ртка
jacket

джéмпер
jumper/
(US) sweater

шóрты
shorts

трусы́
pants

руба́шка
shirt

ту́фли
shoes

ю́бка
skirt

носки́
socks

брю́ки
trousers

футбóлка
T-shirt

рáковина
basin

 вáнна
bath

мя́гкая мочáлка
flannel

 зéркало
mirror

душ
shower

 мы́ло
soap

гýбка
sponge

 унитáз
toilet

туалéтная
бумáга
toilet paper

зубнáя щётка
toothbrush

зубнáя пáста
toothpaste

полотéнце
towel

Спокóйной нóчи!
Goodnight!

шкаф
wardrobe

занавéски
curtains

лáмпа
lamp

тýмбочка
bedside table

пижáма
pyjamas

ночнáя рубáшка
nightdress

подýшка
pillow

кровáть
bed

одея́ло
blanket

комóд
chest of drawers

кни́га ска́зок
storybook

за́мок
castle

коро́ль
king

короле́ва
queen

джин
genie

волше́бная
ла́мпа
magic lamp

драко́н
dragon

велика́н
giant

Мой слова́рь в карти́нках
My Picture Dictionary

Match the words with the pictures

мураве́й
ant

яйцо́
egg

ры́ба
fish

колоко́льчик
bell

вертолёт
helicopter

соба́ка
dog

жонглёр
juggler

коро́ль
king

короле́ва
queen

осьмино́г
octopus

фурго́н
van

бо́жья коро́вка
ladybird

марионе́тка
puppet

мышь
mouse

гво́зди
nails

гу́сеница
caterpillar

зо́нтик
umbrella

кольцо́
ring

рентге́н
X-ray

я́хта
yacht

носки́
socks

тигр
tiger

черни́ла
ink

часы́
watch

зе́бра
zebra

козёл
goat

Посчита́ем! 1 2 3
Count with Me! 123

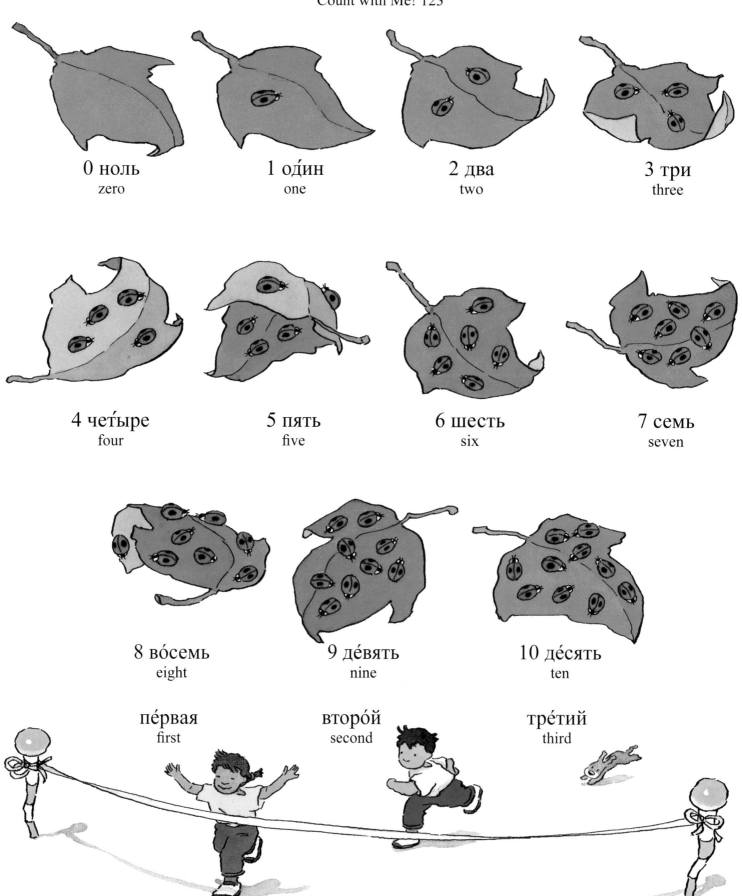

0 ноль
zero

1 оди́н
one

2 два
two

3 три
three

4 четы́ре
four

5 пять
five

6 шесть
six

7 семь
seven

8 во́семь
eight

9 де́вять
nine

10 де́сять
ten

пе́рвая
first

второ́й
second

тре́тий
third

11 оди́ннадцать
eleven

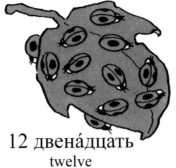

12 двена́дцать
twelve

13 трина́дцать
thirteen

14 че́тырнадцать
fourteen

15 пятна́дцать
fifteen

16 шестна́дцать
sixteen

17 семна́дцать
seventeen

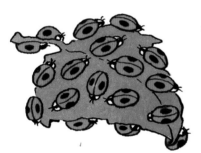

18 восемна́дцать
eighteen

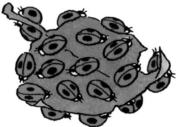

19 девятна́дцать
nineteen

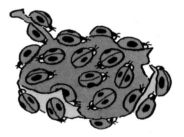

20 два́дцать
twenty

четвёртый
fourth

пя́тый
fifth

после́дний
last

39

Геометри́ческие фигу́ры
Shapes

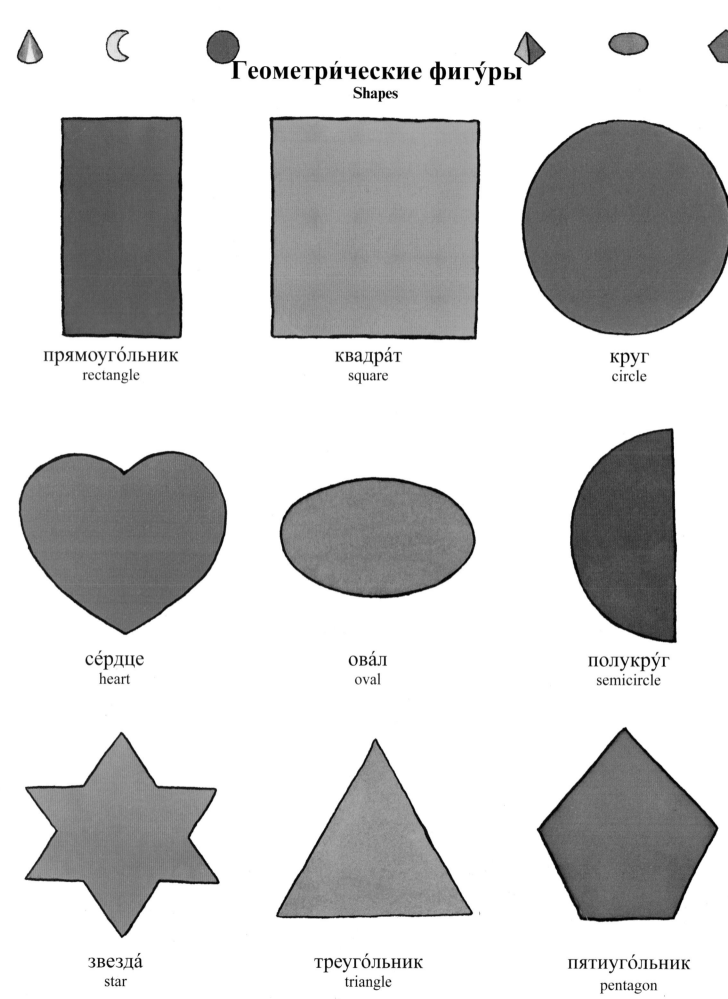

прямоуго́льник
rectangle

квадра́т
square

круг
circle

се́рдце
heart

ова́л
oval

полукру́г
semicircle

звезда́
star

треуго́льник
triangle

пятиуго́льник
pentagon

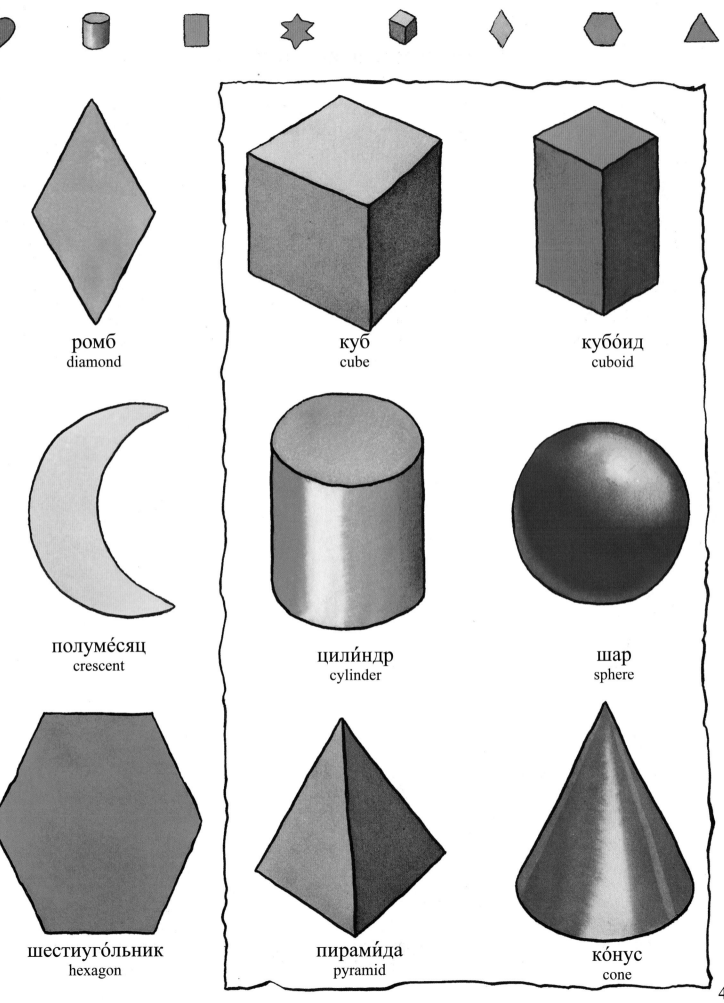

ромб
diamond

куб
cube

кубо́ид
cuboid

полуме́сяц
crescent

цили́ндр
cylinder

шар
sphere

шестиуго́льник
hexagon

пирами́да
pyramid

ко́нус
cone

41

Противополо́жные слова́
Opposites

большо́й/ма́ленький
big/small

чи́стый/гря́зный
clean/dirty

то́лстый/то́нкий
fat/thin

по́лный/пусто́й
full/empty

Он – высоко́/ни́зко.
He's high/low.

Ему́ жа́рко/хо́лодно.
He's hot/cold.

но́вый/ста́рый
new/old

откры́тая/закры́тая
open/closed

Темно́/Светло́.
It's dark/light.

быстрый/медленный
fast/slow

весёлый/гру́стный
happy/sad

тяжёлый/лёгкий
heavy/light

дли́нный/коро́ткий
long/short

бо́льше/ме́ньше
more/less

одина́ковые/ра́зные
same/different

мо́крый/сухо́й
wet/dry

Пого́да
Weather

Óблачно.
It's cloudy.

Со́лнечно.
It's sunny.

Идёт дождь.
It's raining.

Идёт снег.
It's snowing.

Ве́трено
It's windy.

Тума́нно.
It's foggy.

во́семь часо́в (утра́)
eight o'clock

де́сять часо́в (утра́)
ten o'clock

двена́дцать часо́в (дня)
twelve o'clock

два часа́ (дня)
two o'clock

четы́ре часа́ (дня)
four o'clock

шесть часо́в (ве́чера)
six o'clock

Index

47